Herder Taschenbuch 1803

Kinder sind Brücken zum Himmel

Worte über Kinder

Herausgegeben von
Jitka Skupy-Pesek

Herder
Taschenbuch Verlag

Dieser Band erschien
erstmals 1986
(ISBN 3-451-08289-6)

1. Auflage Mai 1990
2. Auflage Januar 1991

Herder Freiburg Basel Wien
Gestaltung: büro ay / sabine karl, Augsburg
Schrift: Rotis Antiqua und Rotis Semigrotesk
von Otl Aicher
Umschlagfoto: Hermann Ay
Foto Seite 7: Josef Breuer
Fotos Seite 19, 53, 67, 79, 91, 125: Hermann Ay
Fotos Seite 31, 43: Jitka Skupy-Pesek
Fotos Seite 101, 113: Traudel Bühler
Satz: Satzwerkstatt München
Druck und Bindung:
Freiburger Graphische Betriebe 1991
ISBN 3-451-08803-7

Es sprach der Herr sein: Werde!
und seither auf der Erde
der Wunder viele sind.
Der schönsten eines: ist das Kind.

Michael Neumann-Adrian

Wenn man so ein kleines Kind sieht,
ist man fasziniert von dem Wunder des Lebens.

Peter Hünermann

Wer ein Kind verstehen will,
muß seine Sprache verstehen können.
Das ist oft mühevoll, aber unausweichlich,
wenn wir wieder Einblick
in die Welt erhalten wollen,
der wir vor vielen Jahren entwachsen sind.

Ursula Baumgardt

Kinder sind Gabe Gottes,
mit ihnen belohnt er die Seinen!

Talmud

Jede Frage meines Sohnes
verlangt eine richtige Antwort.
Und Zeit.

Lubos Simek

Die Kinder von heute
sind Menschen von morgen –
ein Stück Zukunft.

Christine Merz

Wenige sind wie Vater,
keiner ist wie Mutter.

Aus Island

Es kommt darauf an,
die Kinder zu verstehen
und sie erkennend lieben zu lernen.

Hermann Hesse

Jeder, der mit Kindern umgeht, weiß,
daß es heute viele Kinder gibt,
deren Zeit schon vor dem Schuleintritt
fast ganz verplant ist.
Und die Eltern dieser Kinder sind noch sicher,
daß sie ihren Kindern etwas Gutes damit tun.

Marta Högemann

Wenn viele Kinder gleichzeitig essen,
wird der Brei nicht kalt.

Aus Kenia

Wie soll ein Kind eine Persönlichkeit werden,
wenn es ständig zurechtgewiesen wird,
nur weil die Eltern als Vorbild
mit sich selbst nicht zufrieden sind?

Liv Linde

Wenn Kinder spielen,
so machen sie alle notwendigen Bewegungen,
um sich einzureden,
daß ihre Einbildungen Wirklichkeit seien.

Joseph Joubert

Ehe das Kind zu sprechen beginnt,
gehört es nur der Menschengemeinschaft an;
erst mit dem ersten Worte,
das seine Lippen formen,
wird es in Wahrheit Mitglied seines Volkes,
nimmt es an dessen Leben teil.

Martin Buber

Lobe das Wetter am Abend
und den Sohn, wenn er graue Haare bekommen hat.

Aus Finnland

Nur aus der Geborgenheit,
der Zuwendung und der Sicherheit
wächst die Liebesfähigkeit unseres Kindes.
Nicht aus Kritik und Belehrungen!

Alexandra von Pipal

Die Seele eines Kindes ist heilig,
und das, was vor sie gebracht wird,
muß wenigstens den Wert der Reinheit haben.

Johann Gottfried Herder

Das Glück unserer Kinder und Enkel
sichern wir am zuverlässigsten,
wenn wir das unsere nicht gefährden.

Sigmund Graff

Viele Väter haben Kinder,
aber nicht alle Kinder haben Väter.

Aus Mexiko

Heutzutage gibt es kaum noch eine Großfamilie.
Es gibt Eltern und ein oder zwei Kinder.
Und sehr viele Kinderkrippen und Kindergärten.
Wo aber sind die Omas und Opas?

Jochen Kaspar

Früher wuchsen Kinder behutsam
in die Erwachsenenwelt.
Heute werden sie unvermittelt hineingestoßen –
durch das Fernsehen.

Neil Postman

Wie die Mutter die eigentliche Amme ist,
ist der Vater der eigentliche Lehrer.

Jean-Jacques Rousseau

Kinder entwickeln vom ersten Tag an
eine eigene, eine andere Wahrheit,
die der Logik der Erwachsenen widerspricht.
Konfrontiert mit dieser Wahrheit,
haben wir die Wahl:
Entweder gehen wir mit ihr auf Kollisionskurs
oder wir lernen von ihr.

Werner Sökeland

Was machen die Kinder?
Das, was sie bei dem Vater sehen!

Aus Jugoslawien

Mehr als materielle Sicherheit
brauchen die Kinder die Gewißheit,
gut aufgehoben und umsorgt zu sein,
damit sie sich frei entfalten können.

Judith L. Bach

Das schönste und reichste Spiel ist Sprechen;
erstlich des Kindes mit sich
und noch mehr der Eltern mit ihm.

Jean Paul

Ein Kind, das Geschwister hat, lernt bald,
sich zusammen- oder auseinanderzusetzen,
Konflikte zu bewältigen,
Freundschaft zu üben, Verzicht zu leisten
und mit Neid und Rivalitätsgefühlen
fertig zu werden.

Irmela Hofmann

Wer kein Kind hat,
hat kein Licht in seinen Augen.

Aus Persien

Mutter und Vater bedeutet:
Dasein für die Kinder! Für die Familie.
Bedeutet Geborgenheit und Liebe schenken,
ohne zu verlangen.
Mutter sein bedeutet, selbstlos sein,
solange das Kind klein ist.

Alexandra von Pipal

Ihr Eltern, lehrt lieben!
So hat euer Kind ein reiches,
gewinnendes Leben vor sich.

Jean Paul

Ein Kind braucht Liebe
und uneingeschränkte Aufmerksamkeit.
Nur so wächst jenes Grundgefühl
der Geborgenheit und des Vertrauens,
aus dem dann die eigene Fähigkeit
zur Liebe und zum Miteinander wachsen kann.

Heinz Perne

Mitleidige Väter
machen die Kinder unglücklich.

Aus Frankreich

Ich hielt dich erstmals in meinen Händen.
Ein Glücksgefühl! Ein Wunder!
Und in deinen Augen konnte ich lesen deine Frage:
Wie wird er sein, mein Vater?
Und ich wurde nachdenklich ...

Lubos Simek

Das ist ein weiser Vater,
der sein eigen Kind kennt.

William Shakespeare

Einen der schwersten Fehler in der Erziehung
stellt das gegenseitige Ausspielen dar:
Ein Kind soll durch Zugeständnisse
eines Partners auf seine Seite gezogen werden.
Man sollte nie versuchen, Kinder zum Verbündeten
gegen den anderen Partner zu gewinnen.
Dadurch kommt Unsicherheit, Ratlosigkeit,
Zwist und Streit in die Familie.

Edmund Wiesböck

Schicke den Sohn, den du am liebsten hast,
auf Reisen.

Aus Indien

Wenn ein Kind »versagt«, so sollen, ja sogar müssen
die Eltern immer verzeihen
und nicht nachtragend sein.

Johanna Fürst-Rieder

Eine Ehe ohne Kinder
ist wie ein Tag ohne Sonne.

Aus der Tschechoslowakei

Die Liebe der Eltern
ist das Tor zum Leben des Kindes.

Alexandra von Pipal

Ein glückliches Familienleben
zwischen Mann und Frau und ihren Kindern
ist der Glückstreffer unseres Daseins.
Auf ihm beruht alles,
auch unsere körperliche und geistige Gesundheit.

Detlev von Liliencron

Drei Töchter und eine Mutter,
vier Teufel für den Vater.

Aus Spanien

Gefühlskälte, Gemütsarmut und
Kontaktunfähigkeit in späteren Jahren
können ihre Wurzel in fehlenden
festen menschlichen Bindungen während der
ersten Lebensmonate des Kindes haben.

Magdalene Stockinger

Unsere Kinder sprechen mit uns
eine völlig andere Sprache.
Manche ihrer Worte wirken auf uns wie chinesisch.

Judith L. Bach

Wer die Pflichten eines Vaters
nicht zu erfüllen vermag,
hat auch kein Recht, es zu werden.
Keine Armut, keine Arbeit,
keine menschliche Rücksicht irgendwelcher Art
kann ihn davon lossprechen,
seine Kinder zu ernähren
und sie selbst zu erziehen.

Jean-Jacques Rousseau

Wie der Acker, so die Rüben,
wie der Vater, so die Buben.
Wie die Mutter, so die Töchter,
und zuweilen etwas schlechter.

Aus Deutschland

Versprichst du, ohne zu halten,
drohst du, ohne zu halten,
so zerstörst du selber
dir alles Gewicht bei den Kindern.

Christian Gotthilf Salzmann

Kinder sind die feinsten Spielvögel.
Die reden und tun alles einfältig
von Herzen und natürlich.
Wie feine Gedanken haben doch die Kinder.
Sie sehen Leben und Tod,
Himmel und Erde ohne Zweifel an.

Martin Luther

Eltern schlagen stärker,
wenn das Kind nicht schreit.

Jean Paul

Der Einfluß der Eltern auf ihre Kinder
ist viel größer als der der Schule
oder der Umwelt.

Johanna Fürst-Rieder

Jedes Kind probiert,
wie weit man es gehen läßt.

Aus Rußland

Eltern müssen lernen zu unterscheiden
zwischen dem, was als Regel aufgestellt
und durchgesetzt werden muß,
und dem, was ein Kind
durch eigene Erfahrungen lernen soll.

Jay Adams

Die Druckerpresse hat die Kindheit hervorgebracht,
die elektronischen Medien
bringen sie zum Verschwinden.

Neil Postman

Wenn ich über ein Kinderbett gebeugt
in das Gesicht eines schlafenden Kindes sehe,
erblicke ich das Gute dieser Welt.

Evelyn Opela

Daß wir wieder werden wie Kinder,
ist eine unerfüllbare Forderung.
Aber wir können es verhüten,
daß die Kinder so werden wie wir.

Erich Kästner

Die Liebe der Mutter zu den Kindern
ist eine Brücke zu allem Guten:
im Leben und in der Ewigkeit.

Aus der Türkei

Wenn Sie Ihren Kindern
unbedingt etwas geben möchten,
so geben Sie ihnen eine gute Erziehung,
ein gutes Beispiel.

Johanna Fürst-Rieder

Geliebte Kinder sind glückliche Kinder.

Judith L. Bach

Wichtig ist es, den Kindern klarzumachen,
daß von ihrem Knopfdrücken oder Nicht-Knopfdrücken
das Heil der Menschheit und ihr eigenes
und das ihrer Familie abhängen kann
und daß nur das Gesetz der Liebe,
der verantwortlichen Liebe zu anderen,
uns allen über diese Krise
der menschlich-technischen Entwicklung hinweghilft.

Joachim Illies

Ein Kind wird liebkost von seiner Mutter,
eine Waise wird liebkost von Gott.

Aus Polen

Kinder machen uns Erwachsenen
mit ihrer Neugierde wieder bewußt,
wie menschlich, unvollkommen und aufregend
jeder Tag eines Lebens ist.

Holde Heuer

Kinder spielen gern Verstecken, ohne zu ahnen,
wie gut sie sich damit auf das Leben vorbereiten.

Gerhard Uhlenbruck

Erziehung und immer wieder Erziehung.
Offengestanden, ich glaube nicht
an die Wichtigkeit all dieser Geschichten.
Erziehung!
Auch da ist das Beste Vorherbestimmung, Gnade.
Erziehung tut nicht viel.
Und wenn dann schon von Erziehung
die Rede sein soll,
so ist es die, die das Haus gibt.

Theodor Fontane

Der Segen vieler Kinder
hat noch keines Mannes Dach durchbrochen.

Aus Rumänien

Ein Kind, das von den Eltern geprügelt wird,
versucht später, auch seine Kinder zu prügeln.
Also, statt prügeln lieben!

Liv Linde

Die Dinge, die um die Kinder herum sind,
bleiben an der Frau »hängen«.
Sie ist nun mal die Seele der Familie.

Ursula Lebert

Sicherlich ist ein idealer Vater besser als gar keiner,
aber viele Väter sind so wenig ideal,
daß ihr Nichtvorhandensein für das Kind
ein positiver Vorteil wäre.

Bertrand Russel

Bekommt ein Kind eine Stiefmutter,
so bekommt es oft auch einen Stiefvater.

Aus Lappland

Die wichtigsten Entwicklungsstufen
bei allen Kindern verlaufen fast ähnlich.
Und doch ist jedes Kind anders.
Eine kleine Persönlichkeit.

Lubos Simek

Die Kinder sagen unzählige zarte Gefühle heraus,
die die Erwachsenen auch haben, aber nicht sagen.

Jean Paul

Das Land der Kinder ist zwar nicht
einfach ein Paradies,
aber es ist prall gefüllt
mit Daseinslust und Daseinsleid.
Und wer sich auf die Kinder einläßt,
dessen Seele wird wieder
leidens- und liebesfähiger.

Manfred Mai

Wenn du lebst, ohne Vater geworden zu sein,
wirst du sterben, ohne ein Mensch gewesen zu sein.

Aus Rußland

Bei meiner Tochter habe ich
das herrlichste Gefühl bekommen:
der geliebteste Mann der Welt zu sein.

Lubos Simek

Art und Wesen des Kindes sind es, die uns not tun
und die wir erwerben müssen, koste es, was es wolle.

John E. Ruskin

Kleine Mädchen scheinen am leichtesten gut erzogen,
weil ihre Natur nicht heftig,
sondern immer furchtsam ist
und jeden Schein der Erziehung leichter nachspiegelt.

Jean Paul

Vererbung ist etwas, woran man glaubt,
wenn die Kinder lauter gute Noten
aus der Schule nach Hause bringen.

Aus Irland

Das Kopieren und Nachahmen
von uns Erwachsenen
brauchen die Kinder als Ventil
und als Selbstbestätigung für den Ärger,
den sie mit uns ja immer wieder haben.

Johanna Fürst-Rieder

Als Kind ist jeder ein Künstler.
Die Schwierigkeit liegt darin,
als Erwachsener einer zu bleiben.

Pablo Picasso

Das Kind hat Freude am Neuen –
es hat noch keine der vielen Hemmungen,
die die Großen durch Wissen und Interessen
befangen machen.

Gottlieb Duttweiler

Ein geliebtes Kind trägt viele Namen.

Sprichwort

Die Einstellung der Eltern zum Leben,
zu Gut und Böse,
zu Schön und Häßlich, zu Recht und Unrecht
ist bestimmend und entscheidend für das Kind
und sein ganzes Leben.

Alexandra von Pipal

Geiziger Vater, verschwenderischer Sohn.

Aus England

Ohne eine heitere, vollwertige Kindheit
verkümmert das ganze spätere Leben.
Das Kind wird nicht erst ein Mensch,
es ist schon einer.

Janusz Korczak

Für »Unicef« trägt jede glückliche Familie
die Verantwortung,
mehr noch als jede unglückliche.
Und Kinder sind unsere einzige
andauernde Hoffnung,
denn sie verkörpern eine Zukunft,
für die heute etwas getan werden kann.

Peter Ustinov

Vater und Mutter lehren das Kind sprechen,
und die Welt: still zu sein.

Aus der Tschechoslowakei

Unsere Kinder suchen ihr Glück anderswo
als wir Eltern.
Und unsere Verpflichtung ist es,
ihnen bei der Suche
immer wieder behilflich zu sein.

Lubos Simek

Nur in einer Familie, wo Geborgenheit,
Zärtlichkeit und Sicherheit herrschen,
können die Kinder das Vertrauen
in diese Welt erhalten.

Azize Kalaycioglu

Der Mensch ist nur einmal in seinem Leben Kind,
und er muß es bleiben,
bis er seine Kindheit auf ein anderes
fortgeerbt hat.

Friedrich von Schiller

Bleibe ein Kind,
so daß deine Kinder dich immer lieben können.

Aus Estland

Wenn Sie Ihr Kind ansehen,
dann begegnet Ihnen ein ganz eigenes Wesen,
Ihnen anvertraut,
Ihnen zu Pflege und Versorgung übergeben.

Jörg Zink

In den Augen eines Kindes spiegelt sich die Welt noch in ihrem schönsten Gesicht.

Hademar Bankhofer

In der Natur ist keine Freude so erhaben
und rührend wie die Freude einer Mutter
über das Glück ihres Kindes.

Jean Paul

Ein Kind haben zu wollen ist vielleicht erklärbar;
aber begründet wie die strengen Gesetze der Logik
kann diese menschliche Entscheidung nicht werden.
Da versagt eben die Kraft,
die kühle Kraft der Vernunft ...

Uli Schulte

Achtet auf die Kinder des einfachen Volkes,
denn von ihnen wird die Lehre kommen.

Talmud

Kleinkinder kopieren und imitieren
die Eltern immer fast bis in alle Einzelheiten
und freuen sich,
wenn es ihnen gut gelungen ist.

Liv Linde

Wer als Kind keine Liebe und Geborgenheit
empfangen hat,
der kann als Erwachsener
keine Liebe und Geborgenheit geben ...

Alexandra von Pipal

Die Kinder sind die wirklichen Lehrmeister
der Menschheit,
besonders einer Menschheit,
die sich in Unnatur zu verlieren droht.

Peter Rosegger

Der Erzieher verdient den Namen Vater mehr
als der Erzeuger.

Talmud

Ein Kind erziehen ist das schwierigste
Unterfangen, das es gibt;
es ist auch die wichtigste Aufgabe
die einem Menschen gestellt ist.
Sie verlangt von uns unendlich viel –
selbst ein besserer Mensch zu werden.

Lotte Hampl

Kinder sind gedankenlos,
aber nicht berechnend böse;
das lernen sie erst von den Erwachsenen.

Martin Andersen Nexø

Mit Verboten allein ist heute
keine pädagogische Situation zu meistern.
Es nützt nichts, den Kindern den Umgang
mit gewissen Freunden zu verbieten
und über fragwürdigen Lesestoff zu wettern.
Das wirksamste Mittel dagegen ist –
ein guter Lesestoff.

Walter Mahringer

Gute Eltern, gutes Kind.

Aus Afghanistan

Die beste Kinderkrippe, der beste Kindergarten
kann einem Kind nicht
die elterliche »Nestwärme« ersetzen ...

Johanna Fürst-Rieder

Wer einen Sohn versäumt zum Freund zu erziehen,
hat, wenn er aufhört, Kind zu sein, ihn verloren.

Friedrich Rückert

Das Schlagwort, die Eltern seien berufen,
für das Wohl der Kinder zu sorgen,
hängt nicht nur davon ab,
was für Leute die Eltern sind,
sondern auch, ob sie wohlhabend genug sind,
ihren natürlichen Elterninstinkten
nachgeben zu können.

George Bernard Shaw

Gebrauche nur neun Zehntel deines Verstandes,
das zehnte gib den Kindern und Enkeln.

Asiatisches Sprichwort

Warum verlangen so viele Eltern
von ihren Kindern gerade das,
was sie selber nicht tun wollen, mögen
oder wozu sie gar nicht in der Lage sind?

Alexandra von Pipal

Kinder nehmen Erziehung auf
wie die Erde den Regen.
Wenn aus Kindern »Jugend« wird,
ist es zu spät mit der Erziehung …

Hans Habe

Wenn euer Sohn den unseren mit Steinen bewirft,
ist er ja nur ein Kind;
wenn unser Sohn den euren bewirft,
das ist ein Fall für den Richter.

Gerhard Fabian

Hunger in der Jugendzeit – reiche Jugend;
Reichtum in der Jugendzeit – arme Jugend.

Aus Vietnam

Niemand mehr dreht sich heut'
nach einem Mann mit Kinderwagen um.
Die Väter haben – endlich – mehr Verantwortung
für die Kinder, für die Familie übernommen,
nicht nur das Geldverdienen.
Und es ist gut so …

Lubos Simek

Die Familie ist von Natur aus
weder dem Manne allein noch der Frau allein,
sondern beiden zugleich in die Hände gelegt.

Adolf Kolping

Die Kindheitsjahre sind in der Erinnerung
eines jeden Menschen gleichsam
die mythischen Zeiten seines Lebens,
so wie in der Erinnerung der Völker
die mythischen Zeitalter
die Zeiten ihrer Kindheit sind.

Giacomo Leopardi

Schöne Mädchen haben meist kein Glück;
kluge junge Leute sehen meist nicht gut aus.

Asiatisches Sprichwort

Wir können den Kindern die Beulen nicht abnehmen,
so wie unsere Eltern
uns diese nicht abnehmen konnten.
Denn auch aus diesen Beulen lernen die Kinder
ihre Umwelt kennen.

Judith L. Bach

Das Kind schreit nicht,
wenn es seinen Willen bekommt.

Aus Lappland

Die Erziehung ist ein Radiermesser,
das den Klecks durchschimmern läßt …

Jean Paul

Wir können viel von den Kindern lernen,
für die jeder Tag neue Erlebnisse
und Erfahrungen bringt.
Und die Kinder zeigen uns auch, was es heißt,
mit ganzem Herzen bei der Sache zu sein.

Marta Högemann

Süß ist der Honig,
aber süßer noch ist ein kleines Kind.

Asiatisches Sprichwort

Den Kindern schadet es nicht, wenn sie merken,
daß die Eltern erst nach den Antworten suchen.
Den Kindern schadet aber die Unehrlichkeit.

Jochen Kaspar

Eine Schablone für die Erziehung gibt es nicht …
und das, was man »Pädagogik« nennt,
bleibt stets eine zweifelhafte »Wissenschaft«.

Carl Hilty

Die häuslichen Freuden der Menschen
sind die schönsten der Erde,
und die Freude der Eltern über ihre Kinder
ist die heiligste Freude der Menschheit.

Johann Heinrich Pestalozzi

Die Angewohnheiten eines dreijährigen Kindes
erhalten sich bei ihm
bis ins achtzigste Lebensjahr.

Aus Korea

Das Leben haben die Eltern
ihren Kindern geschenkt,
und sie müssen auch dafür sorgen,
daß sie selbständige
und lebenstüchtige Menschen werden.

Liv Linde

Auch die Kinder lernen erst richtig
aus der Erfahrung,
daß ein Messer scharf ist und schneidet
und daß eine Herdplatte heiß ist …

Lubos Simek

Unsere Kinder verkümmern uns geistig
und seelisch,
wenn sie unsere Liebe, unsere Zuwendung
und unser inniges Verhältnis
zu ihnen nicht täglich spüren.

Liv Linde

Der Mutter schmerzen Herz und Füße,
dem Vater Kopf und Hände um der Kinder willen.

Aus Zentralasien

Kinder sind sehr sensibel.
Auf unheilvolle Spannungen im Elternhaus
reagieren sie mit Angst und Bedrücktheit …

Johanna Fürst-Rieder

Der Umgang mit Kindern fordert
nicht Logik, sondern Vernunft.
Die besterzogenen Kinder sind die,
die ihre Eltern so gesehen haben,
wie sie sind.

George Bernard Shaw

Lob soll Vertrauen schaffen,
das Gefühl der Sicherheit steigern,
zu Initiative anregen, guten Willen wecken,
das richtige Verhalten unterstützen.
Das alles brauchen die Kinder!

Magdalene Stockinger

Von Natur sind alle Kinder gleich,
aber durch die Erziehung sehr verschieden.

Asiatisches Sprichwort

Mutter und Vater.
Keiner hat größere Macht
und höhere Verantwortung für ein Kind als sie.

Alexandra von Pipal

Alle Eltern sind zum Mitspielen verpflichtet.
Spielzeug allein genügt den Kindern nicht

Jochen Kaspar

Ein Kind, das unfähig ist zu spielen,
dessen Seele hat Schaden bekommen.

Peter Gert Büttner

Das Kind hält das, was es heftig begehrt,
und das, was ihm gehört, für eins.

Jean Paul

Eine gute Erziehung geht darauf aus,
die Besonderheit eines Menschen zu entdecken
und ihn dann behutsam zu sich selbst zu führen.

Sigmund Graff

Die Söhne streuen in den Wind,
was die Väter angesammelt haben.

Aus der Mongolei

Wenn wir mit unseren Gefühlen
zu unseren Kindern nur gespielt haben,
so lange sie noch klein waren,
brauchen wir uns nicht zu wundern,
wenn die Kinder groß sind,
daß sie mit ihren Gefühlen uns gegenüber
nur weiterspielen ...

Judith L. Bach

Die Quelle der Menschlichkeit
ist eine gute Familie.

Alexandra von Pipal

Daß mein Herz an meinen Kindern hange,
daß ihr Glück mein Glück,
ihre Freude meine Freude sei,
das sollen meine Kinder
vom frühen Morgen bis an den späten Abend
auf meiner Stirn sehen
und auf meinen Lippen ahnen.

Johann Heinrich Pestalozzi

Warum sparen,
wenn dein Sohn ein guter Sohn ist?
Warum sparen, wenn er ein schlechter Sohn ist?

Aus Indien

Kinder lieben anfangs ihre Eltern.
Wenn sie älter werden, beurteilen sie sie.
Bisweilen verzeihen sie ihnen.

Oscar Wilde

Kindern, auch den Jüngsten, ein zorniges Gesicht,
oder gar Geschrei vor die Sinne zu bringen,
heißt, ihnen Unterricht in der Wut geben.

Jean Paul

Wenn man die kleinen Kinder hindert,
kleines Unheil anzurichten,
werden sie einmal als große Kinder
großes Unheil anrichten.

Jochen Kaspar

Kinder wachsen auch ohne Eltern auf …

Von den Philippinen

Ein Kind sollte spielerisch
auch das Verlieren, den Mißerfolg lernen,
ohne gleich aufzugeben,
ohne die Lust am Weiterspielen zu verlieren.
Nur so ist es gut
für die Schule und für das Leben vorbereitet.

Lubos Simek

Kinder, die heute geboren werden,
erblicken das künstliche Licht der Welt zuerst.

Gerhard Uhlenbruck

Kinder sind ganz anders, als das Klischee es will:
klüger, stärker, eigenwilliger,
trotziger, phantasievoller –
mit einem Wort: lebendiger als Erwachsene.
Sie haben ganz andere Vorstellungen
von dem, was wichtig ist.

Michael Kohlhammer

Niemand kennt ein Kind so gut
wie seine Eltern.

Aus Japan

Das beliebteste Spiel für fast alle Kinder –
Vater, Mutter, Kind zu spielen.
Und ein aufmerksamer Beobachter
kann genaue Rückschlüsse
über das Familienleben des Kindes ziehen.

Johanna Fürst-Rieder

Mutter sein, heißt doch viel mehr,
als Kinder zur Welt bringen.
Obwohl ich dich nicht geboren habe,
sind wir genauso Mutter und Kind.

Claire Short

Manche Eltern scheinen
von der irrtümlichen Annahme auszugehen,
daß sie sich weniger
mit dem Kind zu beschäftigen brauchen,
wenn sie nur genügend Spielzeug gekauft haben.

Josef Putz

Ein kleines Kind kann Gottes Namen
noch nicht begreifen,
aber Gott liebt es.

Aus Indien

Das Spielen ist für alle Kinder sehr wichtig.
Das Spielen gehört zu den Grundtätigkeiten
der Kinder.

Jochen Kaspar

Nur auf den Knien des Vaters
kann ein Junge lernen,
wie man mit Frauen zusammenlebt.

Uli Schulte

Während früher Väter und Söhne in einer
annähernd gleichen Welt lebten,
da der Fortschritt sich nur langsam vollzog,
trennen heute Väter und Söhne
nicht Jahrzehnte, sondern Jahrhunderte.

Richard Nikolaus
Coudenhove-Kalergi

Wird ein Sohn nach drei Töchtern geboren,
so ist ihm bestimmt, ein Bettler zu werden;
ist eine Tochter nach drei Söhnen geboren,
wird sie ein Königreich regieren.

Aus Indien

Für alle Kinder ist das Beste erst gut genug.

Liv Linde

Der Kinderfrage »Warum«
verdankt die Menschheit
immer wieder neue Entdeckungen.

Gerhard Fabian

Kinder unterscheiden sich,
solange sie Kinder sind,
also ungefähr bis zum siebten Jahr,
ganz unglaublich von erwachsenen Menschen,
als ob sie einer anderen Gattung angehörten,
eine ganz andere Natur hätten.

Fjodor M. Dostojewskij

Wenn ein Vater kein Vater sein will,
muß die Tochter doch eine Tochter sein.

Aus China

Das Gefühl, richtig beschützt,
geliebt und geborgen zu sein,
ist auch heute noch viel wichtiger
als das schönste Spielzeug.
Kinder brauchen ja unsere Liebe!

Lubos Simek

Die Seele des Kindes führt ein Traumleben,
bis das erste Heimweh sie aufweckt ...

Georg von Oertzen

Einem Kind genügt es nicht,
wenn wir ihm von rosaroten Elefanten erzählen,
später will es,
daß wir ihm diese rosaroten Elefanten auch zeigen.

Hademar Bankhofer

Seit ich Kinder habe,
ist mir die Zukunft sehr wichtig geworden.
Denn unsere Kinder sind ja unsere Zukunft!

Lubos Simek

Eltern müssen lernen, sich zusammenzunehmen.
Es wird an vielen Kindern so lieblos herumerzogen,
weil die Erwachsenen sich an ihnen nur abreagieren –
Mütter ihre Vereinsamung,
Väter ihre beruflichen Mißerfolge.
Da kann man dem Kind nicht ständig
Disziplin abverlangen,
sondern muß sich selbst erziehen.

Marianne Strauß

Die Kindheit ist nicht eine Vorbereitung zum Leben,
als welche wir sie bei unseren Kleinen
oft auffassen möchten,
sondern schon das Leben selbst.

Peter Rosegger

Es gibt keine schönere Musik für die Eltern
als den Klang der Geigen,
mit denen der Himmel ihrer Kinder gefüllt ist.

Adolf Spemann

Man versteht die Kinder nicht,
ist man nicht selbst kindlichen Herzens.
Man weiß sie nicht zu behandeln,
wenn man sie nicht liebt.

Ludwig Börne

Wenn ein Baum fällt,
so kann das Kind hinaufklettern …

Aus Amerika

Erziehen heißt,
das Kind zu sich selbst,
zu seiner eigenen Persönlichkeit führen,
nicht aber dressieren.

Judith L. Bach

Das Kind besitzt von sich her nichts.
Es lebt von den anderen, und gerade so,
in seiner eigenen Macht- und Besitzlosigkeit,
ist es frei.

Joseph Ratzinger

Die Liebe des Kindes ist wie Wasser
in einem Korb.

Aus Argentinien

Die tiefen Eindrücke, die die Kinder
aus ihrer unmittelbaren Umgebung
empfangen haben,
spiegeln sich später in ihrem Antlitz.

Alexandra von Pipal

Sehr viel haben unsere Kinder
bei den Bergtouren gelernt.
Da muß sich einer auf den anderen verlassen können.
Da ist man gefordert und verantwortlich,
muß eigene Schwächen überwinden
und auf die eigene und die
Sicherheit des Nachbarn achten.

Marianne von Weizsäcker

Ich erziehe die Kinder nicht »zu« etwas,
sondern »in« etwas.

Jean Paul

Kinderbücher sollen die reichste
und üppigste Sprache haben.
Nimmt einer aus seiner Kindheit
nur eine geringe Zahl von Wörtern mit,
wird er sein ganzes Leben lang
nur wenige kennen.

Karel Capek

Dein Sohn ist mit fünf Jahren dein Gebieter,
mit zehn dein Sklave,
mit fünfzehn dein Ebenbild
und danach entweder dein Freund
oder dein Feind.

Aus der Türkei

Kinder sind »kein« Eigentum der Eltern.
Und wenn das die Mutter oder der Vater glaubt,
so ist es eine Anmaßung.

Johanna Fürst-Rieder

Kinder schlagen gerade dann herum,
wenn sie noch nicht gelernt haben,
ihre Gedanken auszudrücken;
genau so wie wir.

Fjodor M. Dostojewskij

Der Umgang mit Kindern hat
für einen verständigen Mann
unendlich viel Interesse.
Hier sieht er das Buch der Natur
in unverfälschter Ausgabe aufgeschlagen.

Adolf von Knigge

Wer will gute Kinder ziehen,
muß das Böse selber fliehen.

Sprichwort

Das Spielen heißt für die Kinder, sich unterhalten.
Und dazu brauchen sie einen Spielkameraden,
egal, welches Spiel sie gerade wählen.

Liv Linde

Hinter jeder Frechheit eines Kindes
steckt der große Fehler eines Erwachsenen.

Hademar Bankhofer

Die meisten Menschen legen ihre Kindheit ab
wie einen alten Hut.
Sie vergessen sie wie eine Telefonnummer,
die nicht mehr gilt.
Ihr Leben kommt ihnen vor wie eine Dauerwurst,
die sie allmählich aufessen,
und was gegessen worden ist,
existiert nicht mehr.

Erich Kästner

Jede Kinderseele ist ein Diamant.
Schleifen muß ihn die Elternhand.

Sprichwort

Niemand mehr als der Vater
zeigt seiner Tochter besser,
daß Männer und Frauen gleichwertig sind.

Lubos Simek

Ein Kind, das nur seine Eltern kennt,
kennt auch die nicht recht.

Jean-Jacques Rousseau

Von den Kindern lachen die einen
und denken dann nach;
die anderen denken erst und lachen dann;
nur die, deren Seele berufen ist,
von der Dichtkunst oder der Liebe zu leben,
die hören lange hin und bitten dann
um Wiederholung durch einen Blick,
in dem sich bereits das Vergnügen entzündet,
in dem schon die Begierde
nach dem Unendlichen aufkeimt.

Honoré de Balzac

Ein nacktes Kind lacht,
ein hungriges niemals ...

Aus der Schweiz

Die Kinder lieben heißt,
sich Zeit für sie nehmen.

Johanna Fürst-Rieder

Ein mütterlicher Vater:
Welch ein Glück für ein Baby!

Uli Schulte

Man sollte drei Kinder haben:
zwei zum Raufen, eins zum Schlichten.

Aus Schottland

Nur die Kinder,
die in einem Schutzraum aufwachsen,
wo ihnen behutsam Grenzen zur Erwachsenenwelt
gesetzt werden,
haben die Chance, Kind zu sein.

Neil Postman

Kinder, denen jeder Wunsch
von den Lippen abgelesen wird,
leben wie im Schlaraffenland.
Nur verlernen sie eines dabei:
sich richtig zu freuen.
Dann wird auch ein schönes Geschenk
wie eine Puppe oder ein Auto
mürrisch zur Seite gestoßen.

Reinhart Stalmann

Für die Kinder dieser Welt
sind wir alle verantwortlich.
Wir können nicht mehr tatenlos zusehen,
daß viele Kinder der Dritten Welt verhungern.
Wir alle müssen – endlich – was tun.

Liv Ullmann

Kinder hungern nicht nur nach Liebe,
sondern auch nach Verboten und Kritik.

Hademar Bankhofer

Alle Kinder zeichnen.
Und die meisten Eltern freuen sich darüber.
Aber nur wenige sind sich im klaren darüber,
welche Schätze und Möglichkeiten
dieses Ausdrucksmittel für die Kinder bergen kann.

Ursula Baumgardt

Mein Sohn, aber sein Verstand.

Aus Rußland

Mit Geld und Spielzeug können wir
unsere Liebe zu unseren Kindern nicht ersetzen

Judith L. Bach

Die Mütter geben unserem Geiste Wärme,
die Väter das Licht.

Jean Paul

Kinder, bis zu einem gewissen Alter,
sind höflich und behutsam.
Ihre instinktive Neugier wird
durch die ebenso instinktive Ahnung
in Zaum gehalten,
daß die Wahrheit störend,
ja unter Umständen verderblich sein kann.

Klaus Mann

Kleine Kinder treten der Mutter auf die Kleider,
große auf das Herz.

Aus Bulgarien

Meine Kinder haben das Recht darauf,
von mir immer für voll genommen
und geliebt zu werden.
Wir Erwachsenen verlangen es
doch von unseren Kindern ja auch …

Lubos Simek

Viele Eltern predigen den Kindern
zu viel des Guten,
anstatt ihnen das Gute einfach vorzuleben.

Edmund Wiesböck

Deine Kinder sind nicht deine Kinder.
Sie kommen durch dich, aber nicht von dir,
und obwohl sie bei dir sind, gehören sie dir nicht.
Du kannst ihnen deine Liebe geben,
aber nicht deine Gedanken,
denn sie haben ihre eigenen Gedanken.

Kahlil Gibran

Das Urteil von Kindern –
was sie zu Hause hören.

Aus Holland

Ohne Geborgenheit, Liebe und Sicherheit
innerhalb der Familie
kann kein Kind
geistig und seelisch gesund aufwachsen.

Judith L. Bach

Kinder wollen nicht belehrt,
Kinder wollen bestätigt sein.

Werner Bergengruen

Vor dem Kinde brechen sich die Wellen
des Weltmeeres an vier Mauern,
die sein Bildungs- oder Kristallisationswasser
einfassen:
Vater, Mutter,
Geschwister und ein paar Zu-Menschen
sind seine fortbildende Welt und Form.

Jean Paul

Die Söhne essen die Früchte,
die Väter rutschen auf den Schalen aus …

Aus Albanien

Wie hilft man dem Kind,
mit dem Fernsehen richtig umzugehen?
Am besten, man hat noch keines.
Dafür aber gute Spiele.

Lubos Simek

Du bist der Bogen,
von dem deine Kinder
als lebende Pfeile ausgeschickt werden.

Kahlil Gibran

Mädchen müssen zu Frauen,
Jungen zu Männern erzogen werden.
Das bedeutet zuerst,
fundamentale Wesenszüge zu erkennen
und anzuerkennen.
Jede Unterdrückung führt
zu schweren seelischen Schäden.

Marianne Strauß

Eine Mutter sollte nie sagen:
»Mein Kind tut so etwas nicht.«
Keiner kennt die Verhaltensweise
seines Kindes ganz
und weiß genau,
welchen Einflüssen es im Kindergarten,
in der Schule oder auf der Straße ausgesetzt ist.

Heinz Perne

Versprich dem Heiligen keine Kerze
und dem kleinen Kind keinen Kuchen.

Aus Griechenland

Unser Kind, dieses ist dein Tag.
Möge dein Weg Erfüllung finden
und bis zur Höhe der Sonne reichen.

Indianisches Gebet

Das Kind ist das Teuerste, was eine Nation hat ...

Bertolt Brecht

Der Indianervater sagt zu seinem Sohn:
»Du ißt nicht, es sei denn, jeder ißt,
und du wirst nicht warm,
bis jeder warm geworden ist.
Das ist unsere Art.«

Roger Shops

Der Kinder Wohlsein geht zugleich die Eltern an:
Was Kindern an Leid geschieht,
wird Eltern angetan.

Arabisches Sprichwort

Meine Tochter ist ein Spiegel der Wahrheit.
Noch nicht verformt durch Erziehung,
Umgangsformen, Anpassung,
Zielsetzungen und Schuldgefühle,
das heißt, sie sagt mir ehrlich,
ob ihr was gefällt oder nicht,
ob sie meine Freunde mag oder nicht.

Holde Heuer

Das Beste, was einer der Welt beschert,
das ist ein Sohn, der Vaters Tugend mehrt.

Otto Sutermeister

Mensch, wirst du nicht ein Kind,
so gehst du nimmer ein,
wo Gottes Kinder sind;
die Tür ist gar zu klein.

Angelus Silesius

Die Strenge eines Lehrers ist besser
als die Vernarrtheit eines Vaters.

Aus Persien

Kinder lernen es nur am Beispiel der Eltern,
was Geborgenkeit, Glaube, Geduld, Liebe,
Rücksichtnahme, Sicherheit, Schutz, Treue,
Trost, Verantwortung,
Vertrauen und Zuneigung ist.
Um dies alles
später ihren eigenen Kindern weiter vorzuleben ...

Alexandra von Pipal

Und die Kinder wachsen auf mit tiefen Augen,
die von nichts wissen,
wachsen auf und sterben.
Und alle Menschen gehen ihre Wege.

Hugo von Hofmannsthal

Nur wer ein Nest hat,
kann die Flügel spreizen.
Nur weil ich weiß, daß ich geborgen bin,
ertrage ich die Ferne.

Klemens Jockwig

Die rechte Hand schlägt das Kind,
die linke drückt es ans Herz.

Aus Kamerun

Bei einem Kinderspiel stellen wir oft
schon selber die Weichen
für den Erfolg oder Mißerfolg unserer Kinder,
die ein Leben lang spürbar bleiben.

Jochen Kaspar

Der Mensch kann nur Mensch werden
durch die Erziehung.
Er ist nichts,
als was die Erziehung aus ihm macht.

Immanuel Kant

Ein gut erzogenes Kind ist
eine Rechnung ohne Probe;
der Jüngling muß beweisen, wie die Zucht war.

Theodor Gottlieb von Hippel

Das Kind auf dem Rücken der Mutter,
das nicht schreit, stirbt bald.

Aus Zaire

Auch der Ungehorsam ist für eine gesunde,
ungebrochene Kinderentwicklung notwendig.
Auch das Kind muß schon früh lernen,
sich zu behaupten,
sich – auch mit Gewalt – durchzusetzen.

Judith L. Bach

Kinder sind nicht dümmer als Erwachsene,
sie haben nur weniger Erfahrung.

Janusz Korczak

Verehre deine Großmutter.
Ohne sie hättest du keine Mutter.

Afrikanisches Sprichwort

Geborgenheit, Sicherheit und Liebe der Eltern
schenken Vorrat an Liebe für ein ganzes Leben.

Alexandra von Pipal

In den ersten Lebensjahren
werden die Fundamente gelegt und die Weichen
für die spätere Entwicklung des Kindes gestellt.
Bekommt das Kind jetzt nicht genügend Wärme,
Zuwendung und Liebe
oder wechselt die Bezugsperson oft,
daß das Bedürfnis nach Geborgenheit
nicht erfüllt werden kann,
dann führt diese Enttäuschung dazu,
daß das Kind mutlos wird und es schwer hat,
in Zukunft Vertrauen zu entwickeln
und an Liebe zu glauben.

Magdalene Stockinger

Jedes Kind ist gewissermaßen ein Genie,
und jedes Genie ist gewissermaßen ein Kind.

Arthur Schopenhauer

Kinder können etwas,
was nur ganz wenige Erwachsene noch können
und sich erhalten haben,
nämlich in der Phantasie leben, als wäre sie real,
und in der Realität, als wäre sie Phantasie.

Reinhart Lempp

Ein Kind ohne Mutter
läßt sich durch seine Großmutter füttern.

Aus dem Senegal

In einem Spiel setzen sich die Kinder
mit ihrer Umgebung auseinander
und bekommen unbewußt die Anregungen,
die für die Entfaltung ihrer kreativen Kräfte
wichtig sind.

Jochen Kaspar

Die Kinder sollten das Leben
in jeder Hinsicht nicht früher
aus der Kopie kennenlernen
als aus dem Original.

Arthur Schopenhauer

Von deinen Kindern lernst du mehr
als sie von dir.
Sie lernen eine Welt von dir,
die nicht mehr ist.
Du aber lernst von ihnen eine,
die nun wird und gilt.

Friedrich Rückert

Eltern sorgen für ihre Kinder,
bis sie alle Zähne haben.
Kinder sollen für die Eltern sorgen,
wenn sie keine haben.

Aus Ghana

Ohne die Liebe, ohne die Zuneigung,
ohne das Lob der Eltern
können Kinder nicht glücklich sein
und sich gesund weiterentwickeln.

Liv Linde

Klärt eure Kinder auf,
damit sie nicht später aus dem Paradies
vertrieben werden können.

Stanislav Jerzy Lec

Kinder sind Rätsel von Gott
und schwerer als alle zu lösen,
aber der Liebe gelingt's,
wenn sie sich selber bezwingt.

Friedrich Hebbel

Der Vater liebt das Kind nur solange,
solange die Mutter bei ihm bleibt.

Aus dem Kongo

Oft können Kinder das, was sie bedrückt,
nicht anders als in Zeichnungen äußern.
Hier liegen Chancen für das Kind und die Eltern,
die Nöte des Kindes richtig
und rechtzeitig zu erkennen.

Jochen Kaspar

Spiele, das heißt Tätigkeit, nicht Genüsse,
erhalten die Kinder heiter.

Jean Paul

Ist es nicht so,
daß uns erst in reiferen Jahren bewußt wird,
welche Erlebnisse aus der Kindheit
tragende Bedeutung für die
spätere Entwicklung aufweisen?

Alexandra Carola Grisson

Heiße dein Kind nicht pfeifen,
wenn es lächeln soll.

Aus Westafrika

Erziehen heißt, das Kind Tag für Tag
ein wenig von sich weggehen lassen,
damit es später fähig wird,
sich selber zu behaupten, sich durchzusetzen.
Und damit es später zu uns zurückkommt.

Liv Linde

Woher stamme ich?
Ich stamme aus meiner Kindheit.
Ich stamme aus meiner Kindheit
wie aus einem Land.

Antoine de Saint-Exupéry

Die Fähigkeit, Kinder aufzuziehen,
scheint verlorengegangen zu sein.
Frühere Generationen
brauchten dazu keine Anleitungen.
Was ist geschehen?

Rudolf Dreikurs

Eine Mutter, die viele Kinder hat,
ist reich wie ein Fluß.

Aus Zentralafrika

Der Drang des Kleinkindes,
den Vater oder die Mutter nachzumachen,
ist besonders groß.
Ob es Sprechen, Lachen, Weinen
oder gar Streit ist.

Liv Linde

Kinder sind extrem neugierig.
Sie wollen alles erkunden,
was in ihren Gesichtskreis kommt.
Mit allem, was sie in die Hand bekommen, spielen sie.
Aus der Sicht der Kinder ist alles »Spielzeug«.

Hans Herbert Deissler

Des Erziehers schwierigster Zögling
ist er selbst.

Georg von Oertzen

Die kindliche Lernfähigkeit zeichnet sich
durch besonders große Spontaneität
und Kreativität aus.
Ihre Neugier, die Welt zu erkunden
und alles zu probieren,
entfaltet sich besonders lustvoll,
wenn die Kinder von sich aus auf Dinge,
Tiere und Menschen zugehen dürfen.

Hans Herbert Deissler

Wenn ein Kind zwei Kindermädchen hat,
wird es sich bestimmt verbrennen …

Aus Afrika

Kinder sind wie Blumen,
jede mit einer anderen Pflege.

Johanna Fürst-Rieder

Mit Mißtrauen
kann man eine Kinderseele erschlagen.

Gerhard Fabian

Der Säugling lernt von Mutter und Vater
unterschiedliche Verhaltensweisen kennen
und entwickelt differenzierte Vorstellungen
und Erwartungen im Hinblick auf Frau und Mann,
was seine spätere Partnerbeziehung
beeinflussen kann.

Hanus Papousek

Glücklich die Mutter,
die eine Tochter geboren hat;
ein Junge ist der Sohn der Schwiegermutter.

Aus Afrika

Kinder spüren es gleich,
wenn wir ihnen unsere Gefühle nur vortäuschen.

Johanna Fürst-Rieder

Jeder denkt bei einer Gefahr zuerst an sich,
nur die Mutter an die eigenen Kinder.

Edmund Rehwinkel

Wo denkt ihr hin, die ihr all euren Fleiß
auf die Erwerbung von Reichtum verwendet,
um eure Kinder euch aber nicht bekümmert?

Sokrates

Mein Vater ist ein Prinz,
dein Vater ist ein Prinz –
wer soll aber die Esel treiben?

Aus dem Sudan

Kinder und Jugendliche sprechen
eine andere Sprache als ihre Eltern.
Sie haben auch andere Ansichten
über das Leben als die ältere Generation.
Und wenn diese gut sind, sollten,
ja müssen wir diese auch respektieren (lernen).

Johanna Fürst-Rieder

Die wahre Erziehung besteht weniger im Lehren
als in Übungen.

Jean-Jacques Rousseau

Ich glaube nicht, daß Gefahr besteht,
daß freie Kinder sich so schlecht benehmen
wie die heutigen Erwachsenen,
die sich schlecht benehmen,
weil sie niemals frei waren.
Jedenfalls könnten die Kinder
sich kaum schlechter benehmen.

George Bernard Shaw

Ist dein Sohn erwachsen werde sein bester Freund.

Aus dem Sudan

Eine gestörte Ehe, eine gestörte Familie
stört auch die gesunde Entwicklung des Kindes!

Jochen Kaspar

Der beste Erzieher ist der,
dessen eigener Blick so klar ist,
daß keine Lüge vor ihm bestehen kann.

Lotte Nadler

Ein Vater sollte sich nicht als Erziehungswauwau
betätigen und an seinen Kindern wild herumerziehen,
wenn er nach Hause kommt,
ohne zu wissen, was tagsüber passiert ist.

Marianne Strauß

Das Streben nach einer gerechten Welt
bedeutet unter anderem,
sich dafür einzusetzen,
daß es keine Kinder ohne ausreichende Nahrung,
ohne Erziehung und ohne Schulunterricht gibt.

Johannes Paul II.

Vernachlässigte Kinder
werden später einmal verwahrloste Erwachsene.

Christa Meves

Bei der Erziehung der eigenen Nachkommen
braucht man sich nur vorzustellen,
es seien fremde Kinder.
Und wie fremde Kinder erzogen werden sollen,
weiß ja bekanntlich jeder.

Ernst Bum

Die Eltern sollten uns nie
das Leben lehren wollen,
denn sie lehren uns ihr Leben.

Rainer Maria Rilke

Wer kennt nicht die alte Tatsache,
daß Kinder, von denen man viel erwartet,
die in sie gesetzten Hoffnungen
später nur selten erfüllen?

Alexander I. Herzen

Streit im Haus ist Pest für die Kinder.

Sorbisches Sprichwort

Ihr Kind muß nicht werden wie Sie.
Es muß nicht dem Bild entsprechen,
das Sie sich von ihm machen.
Es ist ja umgekehrt:
Sie werden das Bild achten,
das Gott in Ihr Kind gelegt hat
und auf das hin es wachsen und gedeihen soll.

Jörg Zink

Erziehung ist Beispiel und Liebe – sonst nichts.

Johann Heinrich Pestalozzi

Kinder bilden ja eine Menschenspezies
und Gesellschaft für sich,
sozusagen eine eigene Nation:
leicht und notwendig finden sie sich,
auch wenn ihr kleiner Wortschatz
verschiedenen Sprachen angehört,
auf Grund gemeinsamer Lebensform
in der ganzen Welt zusammen.

Thomas Mann

Die Kleidersäume der Eltern verdecken oft
die Schlechtigkeit der Kinder.

Aus Lappland

Das Kind, das Geschwister hat, ist gut daran,
weil es bei einem Lernprozeß nicht ständig
im Mittelpunkt des allgemeinen Interesses steht.

Irmela Hofmann

Kinder sind neugierig, können noch staunen,
wollen nicht nur bestätigt
und in Sicherheit sein.

Hartmut von Hentig

Wenn ein Erwachsener das Zutrauen eines Kindes
oder gar einer ganzen Gruppe Kinder gewinnen will,
muß er ernst sachlich beginnen
und sie unbedingt
als vollkommen gleichstehend behandeln.

Fjodor M. Dostojewskij

Wenn die Kinder Geld haben,
so ernten die Krämer.

Aus Luxemburg

Kindern sollte man,
ja muß man sogar vieles vorleben.
Das Sagen nützt hier manchmal wenig.

Frank Elstner

Um Herr des Kindes zu sein,
muß man zuerst Herr über sich selbst sein.

Jean-Jacques Rousseau

Der Spiegel der Familie sind die Kinder.

Lubos Simek

Das Ziel der Erziehung besteht darin,
dem Kinde zu ermöglichen,
ohne Lehrer weiterzukommen.

Bertrand Russel

Es gibt keine Seelenangst, bis man Kinder hat.

Aus Irland

Kinder sind entwaffnend offen ohne Vorbehalte.
Bei Angstgefühlen schmiegen sie sich
an den Menschen, den sie lieben.
Ihren Willen setzen sie lauthals durch,
stampfen mit den Füßen auf
und wissen noch nichts von Rücksichtnahme.
Sie weinen bei traurigen Filmen,
lieben grausame Märchen
und sind erfrischend in ihrer Offenheit.
Sie bilden noch die vollkommene Einheit
von Gefühl, Körper und Seele – »ich bin«.

Holde Heuer

Das Familienglück ist
das reinste, edelste und süßeste Glück der Erde.

Adolf Kolping

Immer liebt eine Mutter die Kinder mehr
als der Vater.
Denn sie weiß, daß es ihre Kinder sind;
für die Vaterschaft gibt es keine Gewißheit.

Euripides

Verehrt wirst du von deinen Kindern
wegen deines Verstandes,
aber nicht als Vater.

Aus Rußland

Die allerhöchste Pflicht der Eltern:
ihre Kinder so lebenstüchtig
wie nur möglich zu erziehen.

Judith L. Bach

Der Mutter Gebet schafft Verlorenes herbei –
auch aus dem Meer.

Aus Rußland

Kinder sind der Reichtum dieser Erde.

Jochen Kaspar

Das Gesetz der Liebe
ließe sich am leichtesten
durch das Beispiel der Kinder
verstehen und erlernen.

Mahatma Gandhi

Die Kinder sind unsere Richter von morgen,
sind die Kritiker unserer Anschauungen und Taten,
sind die Menschen, die in die Welt hinausgehen,
um durch ihre Arbeit neue Lebensformen zu schaffen.

Maxim Gorkij

Der Mensch wünscht sich immer,
besser als jeder andere zu sein,
nur nicht besser als sein Sohn.

Aus Jugoslawien

Die Ehe unserer Eltern, unsere ganze Familie
ist uns zum Schicksal geworden ...

Liv Linde

Wer viel mit Kindern lebt,
wird finden, daß keine äußere Einwirkung
auf sie ohne Gegenwirkung bleibt.

Johann Wolfgang von Goethe

Frage dich bei jeder Kinderlüge:
Wer hat es dem Kind beigebracht?

Gerhard Fabian

Kinder merken sehr schnell,
wenn die Eltern beim Spielen
nur mit halbem Herzen bei der Sache sind.
Und unbewußt nehmen sie die Botschaft auf:
»Dein Spielzeug ist ja gar nicht so wichtig.«

Josef Pütz

Heutzutage sind fast die meisten Väter nur Gast
in den Kinderzimmern. Leider!

Jochen Kaspar

Bevor ich heiratete, hatte ich sechs Theorien
über die Erziehung von Kindern.
Jetzt habe ich sechs Kinder
und keine einzige Theorie mehr.

J.W. Rochester

Der Grund, den die Amme dem Kind angibt,
kann für das Kind nützlicher sein,
als der Grund, den Sokrates dem Plato
für dieselben Sachen angeben würde.

George Bernard Shaw

Auch die Kinder brauchen,
um einmal selbständig zu werden,
die Erfahrung des Konfliktes und
seiner Überwindung.

Jochen Kaspar

Das Kind mag noch so klein sein,
seine Galle ist doch bitter …

Aus Hawaii

Eltern, die ihren Kindern
keine helfende Hand reichen,
die sogar erwarten,
daß diese sich selber zurechtfinden,
machen sie somit zu späteren Chaoten im Leben.

Johanna Fürst-Rieder

Was heute Kinder kränkt und Alter schändet,
erwuchs aus dem Ruin der guten Kinderstube
seit der Jahrhundertwende.

Karl Heinz Kramberg

Das Elternhaus besteht nicht nur aus den Eltern
und den Geschwistern,
sondern auch aus den Menschen,
die in ihm aus- und eingehen.

Alfred Heuss

Ein Kind lernt schneller zu reden
als ruhig zu sein.

Aus Norwegen

Eine echte häusliche Harmonie
hängt nicht von materiellen Dingen ab.

Alexandra von Pipal

Der Mensch, wenn er um seiner selbst willen
nicht fromm und treu sein will,
sollte es doch um seiner Kinder willen sein.

Johann Heinrich Pestalozzi

Vielleicht ist noch nie ein Vater gewesen,
der nicht irgend einmal
sein Kind für etwas ganz Originelles gehalten hat.

Georg Christoph Lichtenberg

Ein Vater kann seinem Kinde die Nase
und die Augen und sogar den Verstand
zum Erbe mitgeben,
aber nicht die Seele.
Die ist in jedem Menschen neu.

Hermann Hesse

Man soll nicht das Kind
ins Buch eintragen lassen,
ehe es geboren ist.

Aus Norwegen

Das wichtigste Gut
sollten uns unsere Kinder sein.
Wichtiger als die Karriere oder das Materielle.

Johanna Fürst-Rieder

Die beste Erziehungsmethode für ein Kind ist,
ihm eine gute Mutter zu verschaffen.

Christian Morgenstern

Mensch werden ist eine Kunst …

Novalis

Auch der Säugling ist in seinem Herzen
lebendig und geistig tätig.
Auch der Säugling weiß mit dem Herzen,
wo der Quell seines irdischen Lebens
und der von Gott ihm verordneten Liebe ist.
Gar früh unterscheiden die Kinder diese Liebe
von der unechten,
lächeln dem freundlichen Gesichte zu
und erschrecken vor jeder Äußerung des Zornes.

Adolf Kolping

Der Großvater kauft,
der Vater baut,
der Sohn verkauft,
der Enkel geht betteln.

Aus Schottland

Eine zarte Kinderseele bedarf sehr vieler Liebe
und sehr vieler Freude und Zuneigung.

Alexandra von Pipal

Kinder, die wenig oder
gar keine Schwierigkeiten haben,
machen auch den Eltern keine.

Lubos Simek

Kinder sind Kinder und gehen in ihre Zukunft,
man kann sich an ihnen freuen
und an ihnen ärgern und um sie zittern,
aber helfen können sie einem nicht.

Marie Luise Kaschnitz

Einem Kinde gib,
aber versprich ihm nie etwas …

Aus der Tschechoslowakei

Ein Kind – das ist wie der Frühling.
Entweder Sonnenschein, schönes Wetter
und alles lieblich und heiter.
Oder ganz plötzlich ein Gewitter.
Es blitzt und donnert, der Blitz schlägt ein.
Und der Erwachsene erscheint wie im Nebel.

Janusz Korczak

Jedes neugeborene Kind bringt die Botschaft,
daß Gott sein Vertrauen in den Menschen
noch nicht verloren hat.

Tagore

Die Moral, die gut genug war für unsere Väter,
ist nicht gut genug für unsere Kinder.

Marie von Ebner-Eschenbach

Wer Töchter hat, hat eine Familie;
wer nur Söhne hat, hat später Fremde.

Aus der Tschechoslowakei

Ohne Liebe bildet sich weder die physische
noch die intellektuelle Kraft des Kindes naturgemäß,
das ist ja menschlich.

Johann Heinrich Pestalozzi

Das Bedürfnis der Kinder,
einen Intimbereich zu haben,
sollte mit großem Ernst akzeptiert werden.

Christa Meves

Ein lachendes Kind ist fast das ganze Glück.
Das ganze Glück ist der Beitrag zu einer Zukunft,
die nicht der Augenblick regiert ...

Hans Habe

Es bildet ein Talent sich in der Stille,
ein Charakter in dem Strom der Welt.

Johann Wolfgang von Goethe

Ich verwerfe allen Zwang
bei der Erziehung einer zarten Seele,
die man für Ehre und Freiheit erziehen will.
In der Strenge und den gebietenden Einschränkungen
liegt – ich weiß nicht wieviel – Sklavisches.

Michel Eyquem de Montaigne

Einen Baum und ein Kind biegt man,
solange sie noch klein sind.

Aus Schweden

Wenn wir unseren Kindern
einen Halt geben wollen,
so dürfen wir sie nicht vernachlässigen.

Judith L. Bach

Die Freude der Eltern über ihre Kinder
ist die schönste und heiligste Freude
der Menschheit.

Johann Heinrich Pestalozzi

Wo ein Ball ist, ist ein Kind nicht weit ...

Uta Malheuer

Selbständiges Lernen ist im Kleinkindalter
für die Entwicklung des Selbstwertgefühls
von großer Bedeutung.
Kein Lernerfolg ist nachhaltiger,
und keiner prägt das Kind stärker
als die eigene Erfahrung.

Hans Herbert Deissler

Kinder sind Kinder,
und Kinder machen auch Kinderstreiche.

Aus Rußland

Das lebendige Vorbild der Eltern
ist für das Kind wichtiger als alles Materielle,
wichtiger als das schönste Spielzeug.

Alexandra von Pipal

Was ein Kind tut,
soll nicht als eine Handlung,
sondern als ein Symptom aufgefaßt werden.

Marie von Ebner-Eschenbach

Eltern verzeihen ihren Kindem
die Fehler am schwersten,
die sie ihnen selbst anerzogen haben.

Marie von Ebner-Eschenbach

Man kann Kinder auch zum Lügen erziehen,
indem man ihnen lauter verfängliche Fragen stellt.

Jacques Prévert

Freie Erziehung ist immer
eine Erziehung zur Kontroverse,
wer sein Fach nicht
als widersprüchlich gelernt hat,
beherrscht es nicht.

George Bernard Shaw

Ich weinte, als ich geboren wurde,
und jeder Tag zeigt mir warum.

Aus Spanien

Es gibt nur eine ganz selbstlose, ganz reine,
ganz göttliche Liebe.
Und das ist die Liebe der Mutter für ihr Kind.

Georg Moritz Ebers

Eltern sind Menschen,
die vor der Liebe zu ihren Kindern Angst haben,
weil sie unerwidert bleiben könnte.

Gerhard Uhlenbruck

Kinder sind stark durch ihre Vorstellungskraft –
was sie glauben, glauben sie ganz.
Sie beweisen die Kraft des Glaubens
gegenüber dem Wissen,
in dessen Gewißheit wir Zuflucht suchen.

Hartmut von Hentig

Wer wissen will, was die Tochter kann,
der sehe sich die Mutter an.

Aus Ungarn

Nicht der ist arm,
der sich keinen Jugendtraum erfüllt hat,
sondern der schon in der Kindheit nichts träumte.

Adolf Nowaczynski

Die Kinder kennen weder Vergangenheit
noch Zukunft,
sie genießen die Gegenwart.

Jean de la Bruyère

Die Gegenwart genießen nur die Kinder.

Richard von Schaukal

Wenn ein Kind in einem Fach auffallend versagt,
ist es in anderen auffallend begabt.
Die Schule sollte nicht
das Versagerfach strapazieren,
sondern nach dem anderen Fach suchen.
Es ist ihr schönstes Neuland.

Sigmund Graff

Ein kluger Sohn macht dem Vater Freude,
ein dummer ist der Kummer der Mutter.

Aus Rußland

Je früher unsere Kinder
gute bildnerische und literarische Kunst
sehen und schätzen lernen,
desto mehr werden sie
jetzt und in Zukunft davon profitieren,
entscheiden zu können,
was wie einzuschätzen ist.

Michael Neugebauer

Was der Vater nicht genießt,
das erntet der Sohn.

Johann Gottfried Herder

Das Kind bat:
»Liebe Mutter, wecke mich, wenn ich hungrig bin.«
Die Mutter antwortete:
»Mein Kind,
der Hunger selbst wird dich schon wecken.«

Ramakrishna

Sieben Kinder halten noch keinen Ehemann,
aber viel Einsicht hält ihn.

Aus Madagaskar

Wir sollen das Kind
als ein solches haben wollen
und nicht als eine gutfunktionierende Marionette,
bequem und handlich ohne Persönlichkeit.

Christine Merz

Wo Kinder sind, da ist ein goldenes Zeitalter.

Novalis

Aus dem den Kindern zu erteilenden Unterricht
soll man kein Spiel machen;
denn das Lernen ist kein Spiel für sie.
Es ist mit Mühe und Unlust verbunden.

Aristoteles

Möchtest du,
daß deine Kinder ihr Leben zufrieden genießen,
so laß sie immer ein wenig hungrig sein
und es kalt haben.

Aus China

Kinder sind kühner,
unbändiger, großzügiger, opferbereiter –
der kleine Mensch ist der größeren Tat fähig.

Hartmut von Hentig

Es gibt nichts Aufmerksameres, Wachsameres,
Empfänglicheres als Kinderaugen …

Michail I. Kalinin

Wir ziehen unsere Kinder groß,
um uns dann von ihnen kleinkriegen zu lassen.

Gerhard Uhlenbruck

Wenn ein Säugling tüchtig schreit,
vermutet man, daß er gedeiht,
da ja, wer schreiend sich beschäftigt,
zum mindesten die Lungen kräftigt.

Gottfried Berron

Die Freude, ein Kind zu haben,
verhindert weder Armut noch Unglück.

Afrikanisches Sprichwort

In jedem Kind klopft Gott an die Tür,
nicht als Spielverderber,
nicht als Konkurrent der Freiheit,
sondern als der Liebende,
der unserem Leben Sinn und Erfüllung gibt.

Heinz Joachim Müller

Gott gab Kinder,
Gott wird auch den Kindern geben.

Aus Litauen

Die Seele des Kindes ist das Allerheiligste
im Tempel der Menschheit.
In ihr lagert das Glück
und die Freiheit der Welt.

Erich Mühsam

Kinder sind ein großes Glück im Leben ...
Alles Grobe und Gefühllose verschwindet
beim Anblick eines solchen Blümleins.

Alexander I. Herzen

Gute Eltern denken immer zuerst an ihre Kinder.
Das Unglück ihrer Kinder
ist ihnen schmerzhafter als ihr eigenes.

Johann Peter Hebel

Alle Kinder sprechen mit Gott ...

Aus Afrika

Schon in der Wiege muß man beginnen,
das Gute zu lehren.

Phokylides

Kinder schauen mehr darauf, was die Eltern tun,
als was sie sagen.

Marie von Ebner-Eschenbach

Der Vater, der seinen Sohn lobt,
lobt sich selber.

Aus China

Ist eine Mutter noch so arm,
sie gibt doch ihrem Kinde warm.

Afrikanisches Sprichwort

Nur ein echtes Kinderherz
kommt auf frische Einfälle,
ein verprügeltes und verachtetes niemals.

Robert Walser

Ein Bedürfnis, all denen helfen zu wollen,
die sich allein nicht helfen können,
hat sich entwickelt, seit ich weiß,
wie total abhängig und hilflos ein Kind ist.

Uli Schulte

Die Liebe der Eltern ist die Voraussetzung dafür,
daß ein Kind zur Gegenliebe fähig wird,
daß aus ihm später kein Egoist wird.

Alexandra von Pipal

Was du dem Kind befohlen, sei ihm heilig;
darum aber befiehl nicht allzu eilig!

Heinrich Sutermeister

Wir helfen verlassenen Kindern in aller Welt,
weil wir glauben,
daß die Menschen in aller Welt Brüder sind
und deshalb füreinander Verantwortung tragen.

Hermann Gmeiner

Das am meisten geliebte Kind
ist das Enkelkind …

Arabisches Sprichwort

Familiensinn nennt man das aufopfernde Streben,
seinen Kindern eine höhere Summe
zu einem früheren Zeitpunkt zu hinterlassen.

Helmar Nahr

Was der Vater schwieg,
das kommt im Sohne zum Reden;
und oft fand ich den Sohn
als des Vaters entblößtes Geheimnis.

Friedrich Nietzsche

Wer nicht mit ihnen lebt,
verliert den Einfluß auf sie ...
Liebt, was dem Jungen gefällt,
und der Junge wird lieben, was euch gefällt.

Don Bosco

Eines sollten wir nicht verlernen:
den staunenden Aufblick des Kindes.

Ilse Krämer

Der gute Erzieher kennt Fälle,
wo er stolz darauf ist,
daß sein Zögling wider ihn
sich selber treu bleibt.

Friedrich Nietzsche

Erst die Gesundheit der Kinder, dann das Geld.

Aus Nigeria

Bewahr' uns Gott
vor viel Kindern und wenig Brot.

Aus Spanien

Laß die Kinder deine opferbereite,
innige Liebe spüren!
Laß aus schönen Kindern gute Menschen werden.

Alexandra von Pipal

Es geht mit den Kindern des Geistes
wie mit den irdischen:
sie wachsen, während sie schlafen.

Hans Christian Andersen

Die Tochter zieht oft der Mutter Mantel an ...

Aus Dänemark

Das sicherste Mittel, Kinder zu verlieren, ist,
sie immer behalten zu wollen.

Adolf Sommerauer

Wenn die Eltern genügend Distanz halten,
kann der Kontakt zwischen ihnen
und ihren Kindern gewahrt bleiben.
Auf diese Weise ist es möglich,
daß die Kinder ihre Eltern
als Menschen achten lernen.

Christa Meves

Wer Kinder hat, ist allen Kindern gut.

Euripides

Nur einem Kinde, dem man
ein getanes Versprechen nicht gern halten möchte,
dreht man das Wort im Munde um,
um es glauben zu machen,
daß es uns nunmehr ja selbst
freiwillig von diesem Versprechen lossage.
Das Kind fühlt das Unrecht wohl,
allein weiß es das Unrecht nicht
auseinanderzusetzen.

Gotthold Ephraim Lessing

Keine Mutter hat ein häßliches Kind ...

Jiddisch

Um die Liebe der Eltern zu verstehen,
mußt du selbst Kinder aufziehen.

Aus China

Die Kinderkrankheiten der Seele
brechen oft erst bei den Erwachsenen aus.

Hans Weigel

Wenn man keinen guten Vater hat,
so soll man sich einen anschaffen.

Friedrich Nietzsche

Es ist nicht wahr, daß ein Kind seinen Eltern
Untertänigkeit und Liebe schuldig ist!
Diese »Vorschrift« ist
zur Bequemlichkeit von Eltern erfunden,
die Mangel an geistigem Übergewicht fühlten
und die zu faul und dürr von Herzen waren,
nur Liebe zu verdienen.

Multatuli

Wer seinen erwachsenen Sohn schlägt,
reizt ihn zur Sünde.

Talmud

Kinder sind Hoffnungen;
Mädchen sind Wünsche und Bitten.

Novalis

Wer in Gegenwart von Kindern spottet oder lügt,
begeht ein todeswürdiges Verbrechen.

Marie von Ebner-Eschenbach

Ja, wenn alle Kinder sich zusammentäten
und einander hülfen!
Sie wären viele,
es gäbe mehr Kinder als Eltern.

Hermann Hesse

Natürlich ist Geld nicht alles –
aber es hilft einem,
mit seinen Kindern besser in Kontakt zu bleiben.

Aus Amerika

Das Kind ist dem primitiven Menschen verwandt –
unschuldig und gierig,
ohne Arglist und ohne Gnade,
unwissend und schöpferisch.

Klaus Mann

Von wem sonst sollten die Eltern erzogen werden,
wenn nicht von ihren Kindern?

Hellmut Walters

Das Mutterherz ist der schönste
und unverlierbarste Platz des Sohnes,
selbst wenn er schon graue Haare trägt –
und jeder hat im ganzen Weltall
nur ein einziges solches Herz.

Adalbert Stifter

Nicht die Kinder sollen für die Eltern sparen,
sondern die Eltern für die Kinder.

Asiatisches Sprichwort

Das Kind will, daß man ihm befiehlt,
damit es die Möglichkeit hat,
nicht zu gehorchen.

Jean-Paul Sartre

Wir finden der Kinder Leiden klein,
ohne zu bedenken,
wie kleinlich wir oft in unserem Leiden sind.

Johann Nepomuk Nestroy

Kinder lieben auch Wiederholungen.
Sie wollen nicht dauernd etwas Neues,
sie freuen sich, etwas Schönes
im nächsten Jahr wieder tun zu dürfen.

Marta Högemann

Das Kind ist der größte Lebensphilosoph;
denn es lebt für den Augenblick
und läßt andre für sich sorgen.

Otto Weiss

Hin und wieder will es scheinen,
als ob manch ein Kind
noch Zugang zu unsichtbaren Welten hat –
etwas, was ihm dann durch die Erziehung
gründlich ausgetrieben wird.

Peter Gert Büttner

Zärtlichkeit meint das ganze Sein des anderen.
Sie schließt pflegliche Sorge,
flüsternden Zuspruch
und trostreiche Verheißung ein.
Sind wir noch zart genug,
zärtlich wie unsere Kinder?

Christa Meves

In Kindern und Dichtern
verjüngt sich die Erde immer von neuem.

Heinrich Lohberger

Kinder sind nicht nur
freundliche Lichtstrahlen des Himmels,
sondern auch ernste Fragen aus der Ewigkeit
und schwere Aufgaben für die Zukunft.

Friedrich Schleiermacher

Kinder sind mitunter geistreicher
als die Erwachsenen,
und die Unklugen sind mitunter
klüger als die Klugen.

Robert Walser

Es ruht auf dem Kinde,
es ruht auf der Kindheit eine Gnade,
die einzig ist.

Charles Péguy

Ein Kind ist eine sichtbar gewordene Liebe.

Novalis

Ich wünsche, ein Kind zu haben,
das ich mir ganz eigen machen könnte;
ich wollte es zu allem anhalten,
wovon ich zu spät einsehe,
daß ich es versäumt habe.

Georg Christoph Lichtenberg

Die Erinnerungen für morgen
prägen wir schon heute.
Laßt uns viel Liebe in unsere Kinder investieren –
besonders für die Erinnerungen der Kinder.

Marion Stroud

Krone des Lebens
Glück ohne Ruh'
Liebe bist Du.
(Goethe)

Die tiefen Eindrücke, die die Kinder
aus ihrer unmittelbaren Umgebung
empfangen haben,
spiegeln sich in ihrem Antlitz.

Alexandra von Pipal

Die schönen Taschenbücher von Herder

Von Tag zu Tag ein frohes Wort
Herausgegeben von
Alois Stiefvater
Herder

Band 1801
128 Seiten

Von Tag zu Tag ein weises Wort
Herausgegeben von
Ursula Muth-Schwering
Herder

Band 1802
128 Seiten

Kinder sind Brücken zum Himmel
Worte über Kinder
Herausgegeben von
Jitka Skupy
Herder

Band 1803
128 Seiten

Jenseits des Nennbaren
Sinnsprüche von Lao-tse
Herausgegeben von
Linde von Keyserlingk
Herder

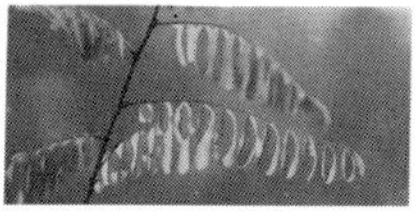

Band 1804
128 Seiten

Jitka Skupy-Pesek

Das Blühen will nicht enden
Worte über Blumen

Band 1526, 128 Seiten

»Das Blühen will nicht enden ... Nun muß sich alles, alles wenden.« – So wie Ludwig Uhland in seinem Frühlingslied haben Dichter aller Zeiten das Erwachen der Natur begrüßt. Wie wahr sind heute noch Dantes Worte, daß nur drei Dinge aus dem Paradies geblieben seien: Sterne, Kinder und Blumen. Volkslieder und Sprichwörter erzählen vom wunderbaren Trost der Bäume. Das sind Erfahrungen, die gerade jetzt – angesichts der gefährdeten Schöpfung – in uns immer mehr lebendig werden.
Jitka Skupy-Pesek hat solche Texte ausgesucht und zu einem bunten Blütenstrauß zusammengefügt. Dieser Strauß soll jedem Freude bringen, der sich den Sinn für die unverbrauchte Schönheit der Natur bewahrt hat.

Herder Taschenbuch Verlag